Recuerda...
¡Las mejores cosas de
la vida son gratis!

Títulos por Marci en español
publicado por
Blue Mountain Arts®

A mi hermana
Un regalo de amor e inspiración
para agradecer
que eres mi hermana

10 cosas simples
que recordar
Una guía de inspiración
para entender la vida

Las amigas son para siempre
Un regalo de pensamientos inspiradores
para agradecerte tu amistad

10 cosas simples que recordar

Una guía de inspiración para entender la vida

marci

Artes Monte Azul™
Blue Mountain Arts, Inc., Boulder, Colorado

Dedicado a mis padres
que me han dado todo su amor
y los valores para que lleve conmigo
a lo largo de mi vida.
Mamá y Papá, ¡los amo!

Número de tarjeta de catálogo de la Biblioteca del Congreso: 2014910444
ISBN: 978-1-59842-838-4

Children of the Inner Light es una marca comercial registrada en los EE.UU. y en otros países. Usada por licencia.
Algunas marcas comerciales son usadas por licencia.

Impreso en China.
Primera impresión en español: 2014

Este libro se imprimió en papel reciclado.

Este libro está impreso en papel que ha sido producido especialmente para estar libre de ácido (pH neutro) y no contiene madera triturada ni pulpa no blanqueada. Cumple todos los requisitos del American National Standards Institute, Inc., lo que garantiza que este libro sea duradero y pueda ser disfrutado por generaciones futuras.

Blue Mountain Arts, Inc.
P.O. Box 4549, Boulder, Colorado 80306, EE.UU.

10 cosas simples que recordar

1. El amor es la razón de que estemos aquí.
2. El día más importante es hoy.
3. Si siempre haces las cosas lo mejor posible, no tendrás de qué arrepentirte.
4. A pesar de tus mejores esfuerzos, algunas cosas están simplemente fuera de tu control.
5. Las cosas siempre se verán mejor mañana.
6. A veces el desvío equivocado puede llevarte exactamente al lugar correcto.
7. A veces cuando piensas que la respuesta es "no", sólo es "todavía no".
8. Los verdaderos amigos comparten tu dicha, ven lo mejor de ti y te apoyan en todos tus desafíos.
9. Dios y tus padres siempre te amarán.
10. De todos tus logros, nada te traerá tanta felicidad como el amor que encuentres.

Introducción

Este libro comenzó en un principio como una tarjeta de felicitación con el mismo título. Cuando la escribí, mi intención era simplificar conceptos importantes, junto con una filosofía de vida, en diez ideas fáciles de comprender que al absorberse juntas le dan al lector la sensación de que las ideas expresadas se pueden aplicar a casi cualquier situación de la vida. La tarjeta es una de mis favoritas. Escribir este libro me hizo descubrir por qué.

Me di cuenta de que había desplegado ante mí diez capítulos, cada uno representativo de las creencias, filosofías y estrategias para enfrentarse a la vida que valoro profundamente. Evoqué mi propio viaje personal, recordando los buenos y malos momentos y las lecciones aprendidas. Y al terminar el libro, comprendí que tenía el don de mis creencias listo para entregárselo a aquellos que amo.

Desde que tengo memoria he estado buscando comprender este gran milagro que es nuestra historia. Cuando comencé, pensé que comprender la vida haría más fácil vivirla... Lo que encontré fue que la vida es un misterio que quizás nunca comprendamos y que el camino hacia la serenidad proviene de la aceptación.

Para la mayoría de nosotros la vida es difícil, independientemente de cuánto intentemos comprenderla, debido a los inevitables desafíos que se nos presentan en la forma de dificultades con relaciones emocionales, accidentes, enfermedades y la pérdida de seres queridos. Pero podemos aprender maneras de enfrentarlos... y lo que es más importante, podemos reconocer las oportunidades de crecimiento espiritual que nuestras dificultades nos ofrecen.

Podemos decidir conectarnos con los demás de una manera que nos haga sentir plenos... Podemos evaluar nuestras creencias y nuestros valores e integrarlos en nuestras vidas cotidianas a través de nuestras acciones... Y podemos comprender la vida como un "llamado a amar" y por medio de nuestros esfuerzos, vivir en un mundo mejor.

¡Que lo disfruten!

Marci

1

El amor
es la razón
de que
estemos aquí.

Es natural preguntarse sobre el sentido de la vida. Desde que el hombre tuvo la capacidad de cuestionar, se ha preguntado: "¿Por qué estamos aquí?" "¿Cuál es el propósito de la vida?" y "¿Dónde encajo yo?" Se han escrito volúmenes acerca del tema – con la esperanza de responder lo que parece ser una cuestión inherente a la humanidad – en nuestro afán por comprender los misterios de la vida. Recuerda... el amor es la fuerza más poderosa de la tierra y es la razón por la que estamos aquí.

Amar es...

Amar es un verbo. Amar no es sólo un sentimiento, es una acción. Es más evidente en lo que haces, porque habrá días en los que se te pedirá que ames aún cuando ya no tengas sentimientos de amor.

Amar es una elección. Comprender este concepto cambiará tu vida significativamente y puede determinar tu capacidad de conservar la felicidad durante toda la vida.

Amar no tiene fin. El mejor regalo que puedes darte o darle a otro es el del compromiso... decir "Sí, quiero" pero también "Sí, querré".

Amar es dar todo lo que tienes y pedir poco a cambio. Es compartir las alegrías, pero también apoyar al otro en la pena y en el crecimiento espiritual.

Amar es perdonar. Sólo Dios puede amarte incondicionalmente... el resto de nosotros somos humanos. No pidas la perfección en los demás, porque cometerán errores. Perdona con facilidad y proponte solo a ti comprender lo que significa amar incondicionalmente. No preguntes cómo los demás pueden amarte más – pregunta cómo puedes tú amarlos más a ellos. Recibirás la bendición de comprender que los lazos que tenemos son tan eternos como el espíritu.

Di "Te amo" todos los días

Si necesitas un regalo para un ser querido, escribe una carta de amor – dile lo que ha significado en tu vida.

Dedica tiempo a tu pareja – simplemente a tomarse de las manos.

Cuando sientas la tentación de decir una cosa más – que sea "Te amo".

Hay tres cosas que perduran...
la fe, la esperanza y el amor.

Una vez en la vida se presenta en nuestra vida alguien con quien nos conectamos de corazón a corazón... de alma a alma.
Se establece una amistad
y luego llega el amor.

Amar y ser amado... ese es el mayor regalo de la vida. Compartir la dicha con aquellos que son más importantes en nuestras vidas... ¡esa es una bendición!

2

El día
más importante
es hoy.

La vida es difícil. Esto es un hecho. La vida es ajetreada... y esto puede ser algo que no podemos cambiar aunque queramos. Intentamos hacer malabarismos con tantas cosas distintas, con el deseo de dar una parte de nosotros a nuestros trabajos, nuestros amigos, nuestras familias y las personas con las que compartimos nuestras vidas. Nos puede quedar la sensación de que nunca estaremos al día, y nos preguntamos si lograremos encontrar tiempo para nosotros mismos. Este es un momento para recordar... el día más importante es hoy.

Concéntrate en el hoy

Ayer ya pasó… mañana sólo existe en el futuro. Estos, por supuesto, son hechos, pero es fácil olvidarlos cuando gastamos tanta energía preciada pensando en las cosas que hicimos o no hicimos… o preocupándonos por lo que podría pasar mañana.

La antigua sabiduría nos dice que la serenidad es un estado del ser en el que la felicidad se logra al estar completa y únicamente conscientes del momento. No es un estado de acción, sino de experimentar la propia existencia con gratitud. Podríamos preguntarnos cómo lograr este misterioso estado en nuestro mundo cada vez más ajetreado.

El truco está en ser completamente
conscientes de nuestros pensamientos,
de recordar las cosas simples, de
tomarnos tiempo para detenernos y
decir "gracias" por los pequeños tesoros
como una suave brisa...
la lluvia que cae...
los pájaros que cantan...
las hojas que susurran con el viento...
el aroma de las madreselvas...
la hierba recién cortada...
la risa de un bebé...
una sonrisa...
un abrazo.
La vida es tanto mejor cuando
disfrutamos el momento perfecto del hoy.

No te preocupes

Hay dos días de la semana
que no son importantes...
ayer y mañana.
Concéntrate en el día de hoy.

No olvides divertirte.

A veces reírte con ganas
es todo lo que necesitas.

Sea lo que fuera que esté sucediendo en tu vida, ten en cuenta estas cosas:

Los grandes problemas se pueden resolver dando pasos pequeños.

Cuando estés inmóvil, la voz suave que brota de tu interior te guiará... escucha con atención.

Recuerda rezar y deja que Dios levante la carga de preocupaciones de tu corazón.

Acepta que cada uno de nosotros aprende las lecciones de la vida a su manera.

Mucha gente te ama más de lo que pueden expresar las palabras.

3

Si siempre haces
las cosas
lo mejor posible,
no tendrás de
qué arrepentirte.

Todo el mundo tiene sueños... A menudo nos preguntamos, "¿Cómo hacemos para alcanzarlos?" Podremos tener una idea... y podremos intentar planificar cada detalle y solucionar cada problema antes de decidirnos a avanzar. ¡Pero lo que a menudo encontramos es que nunca nos sentimos lo suficientemente seguros para dar el salto! Nos preocupamos por los errores, lo que nos lleva a pensar y pensar acerca de lo que queremos, mientras nuestros sueños quedan encerrados en nuestra imaginación. ¿Así que cómo sacamos a nuestros sueños de nuestra cabeza y los colocamos en el camino del éxito? Cuando te preguntes cómo acercarte a tus sueños, recuerda... si siempre haces las cosas lo mejor posible, no tendrás de qué arrepentirte.

Elije tu camino

El camino que lleva a nuestros sueños está lleno de elecciones... pequeños paquetes que se presentan a lo largo del camino y abrimos al transitarlo. A veces tomamos la decisión correcta y esto nos hace avanzar. A veces cometemos un error y esto nos hace retroceder tres pasos. ¡Y a veces tomamos una decisión que creíamos incorrecta sólo para comprender más tarde que este paquete era después de todo un regalo!

Lo más importante es que a través del proceso que algunos llaman "el juego de la vida", siempre te esfuerces por hacer las cosas lo mejor posible. Cuando vienes de ese lugar llamado "intención", tus sueños comienzan a desplegarse ante ti. Aparecen oportunidades que nunca imaginaste y porque estás compartiendo lo mejor de tu ser, se muestran los dones que tienes para compartir. Cuando aprendes a aceptar todo lo que ha sucedido a lo largo del camino como necesario para tu comprensión, podrás ver tu vida sin arrepentimientos.

Acepta todo lo que ha sucedido

Si has aprendido algo de cada experiencia, no debería haber remordimiento. Si comprendes que aprender es un proceso, no existen decisiones equivocadas.

Cometer errores es una parte importante de la vida... Es la base de la empatía hacia tus congéneres.

Todo sale siempre como debería, aunque a menudo no sea lo que tenías en mente.

La sabiduría viene con la experiencia; son generalmente los sucesos dolorosos los que deparan las mayores enseñanzas.

La vida es un proceso no un suceso. Todo lo que experimentas es necesario para tu comprensión.

Luchar contra la manera en que son las cosas causa el mayor sufrimiento personal – la aceptación es el camino hacia la serenidad. Una de las paradojas de la vida: la aceptación crea el suelo fértil para el cambio.

4

A pesar de tus mejores esfuerzos, algunas cosas están simplemente fuera de tu control.

Los grandes maestros tanto del presente como del pasado parecen estar de acuerdo en que la clave para nuestro bienestar yace en sentir la dicha que se encuentra en el momento presente. Sin embargo nos debatimos cuando las cosas salen mal, y nos preguntamos si podríamos haber hecho esto o aquello para que fueran distintas. Cuestionamos las decisiones que tomamos... "aferrándonos" cuando deberíamos "dejarlo pasar". Este tipo de pensamiento gasta nuestra preciada energía en intentar cambiar las cosas que no pueden cambiarse, y nos impide disfrutar las cosas buenas que hay en nuestras vidas ahora. En esos momentos recuerda... a pesar de tus mejores esfuerzos, algunas cosas están simplemente fuera de tu control.

Todo sucede por una razón

Muy a menudo nos preguntamos acerca de los "porqués" de la vida... "¿Por qué pasó esto?" "¿Por qué yo?" "¿Por qué ahora?" Pero hay un secreto que la gente sabia conoce...

Los escollos en el camino son una parte inevitable de la vida que nos ablanda, nos hace crecer y nos confiere la virtud de la compasión. A menudo, es tan sólo con el paso del tiempo que queda claro que la nube tenía verdaderamente aspectos positivos, y cómo tenemos sabiduría, fortaleza y esperanza para compartir. Y finalmente, comprendemos el verdadero sentido de la frase...

"Todo sucede por una razón".

No importa dónde te lleve la vida, o qué camino elijas, siempre encontrarás desafíos. Así es como es la vida.
No existen garantías y no importa cuántas cosas hagas bien, o cuántas reglas cumplas, siempre habrá esa encrucijada en el camino en la que tendrás que elegir entre un camino u otro. Cuando te encuentres allí, ten esto en cuenta: Eres amada... el amor te dará sustento. Eres fuerte... la oración te hará superar cualquier cosa. Eres sabia... el don más grande de todos está en tu interior.

5

Las cosas siempre se verán mejor mañana.

La felicidad es un estado de ánimo que todos deseamos usar para describir nuestras vidas. ¿Cómo podemos sentirnos exitosos en lo absoluto si no podemos decir que somos felices? ¿Qué tienen de bueno el dinero y la familia y el amor que damos y recibimos si no nos percibimos como personas felices? Muchas veces sentimos que tenemos poco control sobre nuestras circunstancias y que terminamos siendo dependientes de fuerzas externas para experimentar la felicidad. La mayor parte de nosotros creemos que nuestro estado de ánimo depende de lo que nos rodea. Pero cuando observamos la vida y las personas que han sobrevivido a pérdidas y tragedias, comenzamos a darnos cuenta de que algo importante está actuando "dentro" de estas personas... Es el concepto de que en realidad nosotros podemos elegir ser felices lo que cambia la vida. Recuerda... las cosas siempre se verán mejor mañana.

Conserva una actitud positiva...

La esperanza es una actitud. Es un corrimiento mental que elegimos cuando acudimos a nuestras reservas internas. Cuando decidimos tener esperanzas, nos abrimos al descubrimiento de la sabiduría y la fortaleza que quizás no sabíamos que existían. Cuando nos pedimos conservar una actitud positiva y respondemos al llamado, recibimos la recompensa del conocimiento de lo que hemos aprendido en la vida. Nuestras lecciones, cuando son vistas desde esta perspectiva, nos muestran que las cosas generalmente salen como deberían. En retrospectiva, podemos comprender cómo ha habido un plan mayor en juego en nuestras vidas.

La esperanza es un regalo que podemos darle a los demás al alentar sus sueños, consolar sus penas y recordarles que los milagros están ante nosotros cada día.

A menudo, no sabemos cuánto significaba alentarnos unos a otros, pero pronto nos damos cuenta de que este regalo es una de las cosas simples y gratuitas de la vida en las que podemos confiar – no importa qué suceda en nuestras vidas o en las vidas de los que queremos.

La esperanza es transformadora. Se convierte en un acto de amor cuando nos brindamos para nuestro propio crecimiento espiritual o por el de otro... y la esperanza como el amor, siempre retorna al origen para renovar el espíritu. Vislumbramos nuestra verdadera naturaleza y somos recompensados con el maravilloso tesoro que encontramos en nuestra conexión con otros.

Conserva la esperanza

Si tienes fe, esperanza, amor y la bendición de buenos amigos, superarás cualquier desafío que presente la vida.
Tu fe iluminará tu camino...
la esperanza te mantendrá fuerte...
el amor que des a otros te traerá dicha...
y tus amistades te recordarán lo que es importante en la vida.

Agradece cada día
por adelantado.

Esperanza

Después de una gran tormenta – busca un arco iris.

La ayuda está siempre allí cuando estás listo.

A veces puedes sentirte completamente solo, cuando la vida te presenta desafíos que superar y dificultades que soportar. Pero cuando menos lo esperes, la ayuda aparecerá.

6

A veces el desvío equivocado puede llevarte exactamente al lugar correcto.

La vida es un viaje. Aquel que esencialmente tenemos que hacer solos. Sí, tenemos padres que nos guían y a veces hermanos para forjar el camino. Tenemos amigos para caminar a nuestro lado y maestros y personas que admiramos para guiarnos, pero en el análisis final, nosotros mismos elegimos nuestro camino... y lo hacemos de a un paso por vez a través de todas la elecciones que hacemos. Sentimos que estamos avanzando a ciegas... esperando el día en que sabremos los secretos que contiene el universo. Estamos atentos a nuestro llamado, creyendo que esta voz nos mostrará el camino. A veces, mientras recorremos un camino pensamos que está bien, descubrimos una emocionante aventura en nuestro camino mismo que nunca habíamos considerado. Recuerda... a veces el desvío equivocado puede llevarte exactamente al lugar correcto.

Todos los caminos llevan a casa...

Si tan solo tuviésemos un mapa que nos guiara en la vida – una guía que nos dieran al nacer que nos mostrara el camino a casa. ¡Quizás la tengamos! Y parte de la emoción de la vida se encuentra en aprender a prestar atención a todas las pequeñas señales que aparecen a lo largo del camino que apuntan hacia "esta dirección" o "aquella". A veces cuando estamos buscando una respuesta, un completo extraño puede tener lo que necesitamos. A veces cuando necesitamos a alguien que nos escuche mientras tratamos de resolver un problema, ¡el teléfono suena y nos trae un amigo! ¡Y a veces la información que estamos buscando aparece en una señal en el camino! Diviértete al ver tu historia siendo escrita, y recuerda... ¡los ángeles están en todas partes!

El camino de la vida tiene muchas vueltas... a veces nos lleva a un lugar que planeamos... a veces en sus giros nos muestra una sorpresa que nunca podríamos haber anticipado. Tomamos decisiones de acuerdo a la información que tenemos... Aceptamos las cosas buenas y malas como vienen... Vivimos "un día a la vez"... pero a menudo encontramos que sólo al mirar atrás podemos ver que lo que creíamos que era "un giro para peor" nos ha traído exactamente al lugar correcto y que cada paso fue el correcto después de todo.

7

A veces cuando
piensas que
la respuesta es "no",
sólo es
"todavía no".

Hay un momento apropiado para todo. El universo nos enseña este importante concepto con su orden. Hay un amanecer y un atardecer... Los días se convierten en semanas y las semanas en meses... Hay mareas que bajan y suben con un ritmo y una cadencia escritos hace mucho tiempo... y así sucede con nuestras vidas.

Hay un plan mayor en juego... un plan que se pone en movimiento cuando nacemos. Mientras navegamos en ese viaje llamado "vida", comenzamos el trabajo de descubrir "quiénes somos". Este es principalmente un proceso de definir en qué creemos.

Gran parte de este trabajo se realiza en el contexto de nuestras relaciones al aprender de nuestras propias elecciones y experiencia todos los sentimientos asociados con el amor –
amor por la familia...
amor por los amigos...
y amor por alguien
con quien esperamos
estar toda la vida.

Algunas de las formas más importantes de definirnos a nosotros mismos provienen de los obstáculos que enfrentamos, los desafíos que superamos y las pérdidas que sufrimos, y son más a menudo los momentos difíciles de nuestras vidas los que nos convocan a comprender de qué estamos hechos.

Saber qué creemos es fundamental para nuestra serenidad y sensación de felicidad, porque cada decisión que tomemos en nuestras vidas terminará usando este autoconocimiento como marco de referencia.

Tomar decisiones que coincidan con nuestras creencias es la esencia de vivir con integridad y nos proporciona una sensación de plenitud.

Es a menudo este trabajo de autodescubrimiento el que necesita que se avance hasta cierto lugar antes de que el universo esté listo para mostrarnos el propósito de nuestra vida.

Tu vida tiene reservadas infinitas posibilidades para ti. Has construido una base sólida y has trabajado arduamente para ello. Continúa haciendo lo que sea necesario para avanzar un día a la vez. Ten siempre presente lo que es importante en la vida. Vive cada día aceptando la guía y tu propósito te será revelado. Tu futuro está repleto de amor y aceptación.

La verdadera felicidad y propósito se encontrarán en las relaciones mutuas y con Dios. A menudo es a través del compartir tus dones y talentos que tu camino en la vida se vuelve claro. Es cuando estás "dando" que los demás pueden ver en ti aquello que se conoce como "la mejor versión de ti mismo". Ora, está dispuesto a ser guiado y recuerda que Dios se hace cargo de nuestros sueños.

8

Los verdaderos
amigos comparten
tu dicha,
ven lo mejor de ti
y te apoyan en
todos tus desafíos.

Todos tienen el deseo de amar y ser amados... de comprender y ser comprendidos. Esta necesidad, básica respecto a la naturaleza humana, se satisface con la amistad. Sentimos emociones que nos dan una profunda gratificación al abrirnos a los otros y, lo que es más importante, al crear la confianza necesaria para que los demás se abran a nosotros. La amistad es un don importante porque es un camino hacia la comprensión de la antigua pregunta de "¿por qué estamos aquí?" También nos permite comprender quiénes somos al ver lo mejor de nosotros reflejado en los ojos de un amigo. Cuando pienses en la amistad recuerda... los verdaderos amigos comparten tu dicha, ven lo mejor de ti y te apoyan en todos tus desafíos.

Sé un buen amigo

La amistad es el regalo del compromiso. Está a la altura de las expectativas de que cada compañero esté para el otro a lo largo de los buenos y malos momentos de la vida.

La amistad es el regalo de la confianza. Se sobreentiende que con el intercambio de esperanzas, sueños, alegrías, penas y secretos, uno puede contar con que el otro será reservado.

La amistad es el regalo de escuchar. Resiste la tentación de dar soluciones a los problemas y comprende que escuchar en silencio es uno de los mayores actos de amor incondicional.

La amistad es el regalo del aliento. Ofrece libremente la inspiración necesaria para mantenerse valerosos ante los desafíos diarios que nos plantea la vida.

La amistad significa nunca tener que enfrentar los desafíos de la vida solos.

La amistad significa compartir una cercanía espiritual que da sentido a la vida.

La amistad significa tener un testigo de los pequeños momentos especiales de la vida que son mucho mejores cuando se comparten.

La amistad significa que hay alguien que comprende dónde has estado, sabe dónde quieres ir y te acepta como eres.

A veces, lo único que necesitas es un abrazo

¡La amistad crece a partir de los intercambios del corazón!

¡Una buena amistad ilumina cada día!

¡Un abrazo vale más que mil palabras!

¡Los amigos comparten los recuerdos más preciados de la vida!

¡Si tienes buenos amigos... tienes casi todo!

9

Dios y
tus padres
siempre
te amarán.

Hay momentos en nuestras vidas cuando la vida es difícil... las cosas no salen como planeamos... una relación especial se tensa. Sentimos una pérdida o tristeza y pensamos que nadie podría comprender lo que estamos pasando. Quizás estemos luchando contra una enfermedad... o alguien que amamos tiene dificultades. Hay una sensación de soledad y anhelamos ser parte de algo bueno y pleno. Este es un momento para aferrarse al amor y recordar... Dios y tus padres siempre te amarán.

El amor de los padres es eterno

Los niños saben y los adultos recuerdan que la diversión, el amor y los lazos que forjamos son tan eternos como el espíritu.

El amor es poderoso y gentil al mismo tiempo.

Cuando los padres viven de acuerdo con sus creencias, les dan a sus hijos un regalo que perdura toda la vida.

El amor de una madre es una bendición que siempre estará en tu corazón.

El amor de un padre es un regalo que dura para siempre.

El amor de Dios no tiene fin

Tú eres mi hijo y mi mejor creación. Te hice a mi imagen y semejanza para que supieras que eres pleno. Cuando mires hacia tu interior donde radica tu espíritu, encontrarás puro amor y sabrás que yo estaré contigo por siempre.
Mi deseo es que comprendas
que es por el amor que estás aquí...
que aceptes todo lo que ha sucedido
a lo largo de tu viaje como enseñanzas...
que aprendas que la gratitud y
la compasión son regalos para ti.
De todas las formas posibles recuerda que,
donde sea que estés,
sea lo que fuera que hagas,
adonde sea que decidas ir en la vida,
estaré contigo hasta el
fin de los días.

Los ángeles están en todas partes

A veces nos sentimos completamente solos, cuando la vida nos presenta desafíos para superar y dificultades que soportar. Pero cuando menos lo esperamos, puede aparecer ayuda. Puede ser una palabra amable de un extraño o una llamada telefónica en el momento justo y estamos rodeados de pronto de la amorosa gracia de Dios. Los milagros suceden todos los días porque los ángeles están en todas partes.

10

De todos
tus logros,
nada te traerá
tanta felicidad
como el amor
que encuentres.

Cuando somos jóvenes se forman en nuestras mentes ideas acerca de cómo será la vida... qué es importante... y qué nos traerá felicidad. Nos imponemos metas y trabajamos mucho para alcanzarlas. Vamos a la escuela, nos sentimos realizados cuando sacamos buenas notas, y comenzamos a aprender sobre las relaciones humanas. Nuestros padres y nuestras familias son nuestra primera experiencia en vernos a nosotros mismos a través de los ojos de los demás, pero a medida que nos aventuramos hacia el mundo y ganamos experiencia, nuestras amistades cobran mayor importancia. Un día nos enamoramos... A medida que la vida sigue su curso, podremos tener hijos y descubrir un tipo de amor completamente nuevo que nos sorprende con su intensidad. Un día nos damos cuenta de que el amor nos da una vara con la que medir las cosas valiosas y podemos así poner en orden las cosas verdaderamente importantes. Recuerda... de todos tus logros nada te traerá tanta felicidad como el amor que encuentres.

Sé feliz

Para alcanzar la felicidad, todo lo que necesitamos son herramientas simples... llaves que nos ayuden a abrir la puerta a los secretos que nos permitan sentirnos felices. Estas llaves son cosas que podemos recordar... actitudes que podemos adoptar... y, lo que es más importante, las elecciones que podemos hacer en nuestras vidas cotidianas que pueden marcar una diferencia.

Primero, podemos darnos cuenta de que la felicidad es una elección... podemos tomar la decisión de "ser felices" cada día. Podemos aceptar lo que puede parecer una idea revolucionaria que es que tenemos la opción de considerar que nuestras vidas son felices, y que nuestro estado de ánimo no necesita depender completamente de las circunstancias que nos rodean.

Podemos recordar que la felicidad se encuentra en algún lugar "dentro" nuestro – cuando miramos hacia adentro, encontramos los dones que tenemos para compartir. Al hacerlo, hacemos sonreír a alguien y los buenos sentimientos regresan para renovar el espíritu.

Podemos adoptar una actitud de gratitud. Podemos recordar que las cosas más preciadas de la vida son aquellas que siempre fueron gratuitas... Está el amor que damos y recibimos... y la dicha que sentimos y compartimos... pero también están las penas y aflicciones, que son parte inevitable de nuestra existencia humana, y que enriquecen nuestra experiencia de maneras que no tendemos a reconocer...

Nuestras pérdidas y el dolor que sentimos nos dan una vara para medir nuestra felicidad. Los desafíos que enfrentamos, que a menudo incluyen nuestros propios defectos, nos convierten en seres humanos más compasivos al ampliarse nuestra comprensión de los otros.

Podemos alcanzar este estado de aceptación y experimentar lo que realmente significa tener un corazón agradecido, vivimos cada día con la comprensión de que todo sucede por una razón.

Podemos darle algo hermoso y gratuito a otra persona... aliento. Cuando inspiramos a otro por medio de la amabilidad simple y palabras positivas, hallamos que hemos descubierto lo que buscábamos desde un principio – ¡una fuente inagotable de un hermoso don llamado felicidad!

El amor no tiene fin.

Acerca de Marci

Marci comenzó su carrera pintando a mano diseños florales sobre ropa. ¡Nadie se sorprendió más que ella cuando un día, en una sola explosión de inspiración y con un estilo artístico completamente nuevo, sus deliciosos personajes surgieron de su pluma! "Sus cabellos salvajes y alocados son un signo de fortaleza", pensó, "y sus sonrisitas torcidas son entrañables". Rápidamente identificó a los encantadores personajes como Madre, Hija, Hermana, Padre, Hijo, Amigo, Amiga, y así siguiendo hasta completar todas las personas y lugares de la vida. Luego, con sus seres queridos en mente, escribió un sentimiento auténtico y especial para cada uno. Éste sería el comienzo de una maravillosa historia de éxito, que todavía hoy encuentra a Marci escribiendo cada uno de sus versos en la misma forma personal.

Marci es una artista autodidacta que siempre ha disfrutado con la escritura y el arte. Se maravilla al ver cómo sus encantadores personajes y sus mensajes universales de amor han llegado al corazón y las vidas de las personas en todas partes. Sus característicos dibujos pueden verse también en las tarjetas de felicitación, calendarios, señaladores de libros y otros artículos de regalo de Artes Monte Azul.

Para saber más sobre Marci, busca Children of the Inner Light en Facebook o visita su sitio web en WWW.MARCIonline.com.